lottaland

Mein Pflanzen-Entdecker-Buch

Naturwissen und Laub-Bastel-Tipps

Arena

ENTDECKE DIE UNTERSCHIEDE

Jede Pflanze hat andere Blätter. Und jedes Blatt hat seine ganz eigene Form. Du kannst also einem Blatt ansehen, von welchem Baum oder Strauch es stammt. Wie sieht das Blatt aus, das du gefunden hast?

Eiförmig
(wie bei der Buche)

Gesägter Blattrand
(wie bei der Birke)

Eine Art Blatt-Gruppe
(wie bei der Robinie)

Nadeln
(wie bei der Kiefer)

Mit auffälligen Blattadern
(wie bei der Hortensie)

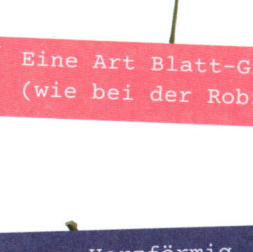
Herzförmig
(wie bei der Linde)

Mit Spitzen
(wie beim Ahorn)

Mit Wellen
(wie bei der Eiche)

In Form einer Hand
(wie bei der Kastanie)

Warum haben Bäume Blätter?

Blätter wachsen an unterschiedlichen Pflanzen. Aber warum haben die eigentlich so viele Blätter? Ganz klar: weil darin die Nahrung für die Pflanzen gemacht wird. Sie können nur dank der Blätter leben, wachsen und blühen!

Blätter sind wichtig

Blätter liefern nicht nur Nahrung für die Pflanze, sondern auch Sauerstoff. Und diesen Sauerstoff brauchen die Menschen und die Tiere, um leben zu können. Ohne Blätter würde es keinen Sauerstoff geben, und wir könnten nicht atmen. Du siehst also: Ohne Bäume und andere Pflanzen geht es nicht!

Frische Luft

Die vielen Autos und Fabriken sorgen für verschmutzte, ungesunde Luft. Das ist schlecht für das Leben auf der Erde. Zum Glück gibt es Büsche und Bäume, die unsere Luft wieder sauber und frisch machen. Sie nehmen die schmutzige Luft auf und geben die frische wieder ab. Und das alles mithilfe der Blätter. Schlau, oder?
Darum sagt man auch, dass Wälder die Lunge der Erde sind. Sie sind für unsere Zukunft sehr wichtig.

Kleine Münder

Blätter haben viele kleine Öffnungen, ähnlich wie Münder: Man nennt sie Spaltöffnungen. Das sind winzige Löcher, durch die der Baum atmet. Über diese Spaltöffnungen lässt der Baum Wasser verdampfen. Das ist ein bisschen so, wie wenn Menschen schwitzen.

Grüne Zauberkugeln

Die Blätter der Pflanzen sind meistens grün. Das liegt an winzigen grünen Kügelchen, den Chloroplasten. Sie sind so klein, dass du sie mit bloßen Augen nicht sehen kannst, und sie sind die reinsten Zauberkugeln. Denn sie können etwas ganz Besonderes: Sie stellen mithilfe des Sonnenlichts Nahrung her. Dafür gibt es ein schönes Wort: Fotosynthese. Wasser und Kohlendioxid aus der Luft dringen in die Blätter ein, und Zucker und Sauerstoff kommen wieder heraus. Den Zucker braucht der Baum, um zu wachsen, aber der Sauerstoff geht in die Luft, die wir einatmen.

Auch wenn Chloroplasten winzig, winzig klein sind, gehören sie zu den größten Wundern der Natur.

Bäume mit Nadeln

Du kannst Bäume in zwei Gruppen einteilen: Bäume mit Blättern und Bäume mit Nadeln.
Bäume mit Blättern nennt man Laubbäume, zum Beispiel Eichen oder Birken. Bäume mit Nadeln heißen Nadelbäume, beispielsweise Kiefern oder Tannen. Nadeln sind spitze Halme, die an den Zweigenden wachsen. Sie sehen nicht aus wie Blätter, haben aber die gleiche Aufgabe: Sie stellen mithilfe des Sonnenlichts Nahrung für den Baum her.
Viele Nadelbäume können Kälte gut aushalten und bleiben den ganzen Winter grün. Selbst hoch in den Bergen, wo es oft sehr frostig ist, kannst du sie sehen. Laubbäume können dort nicht wachsen. Für sie ist es viel zu kalt.

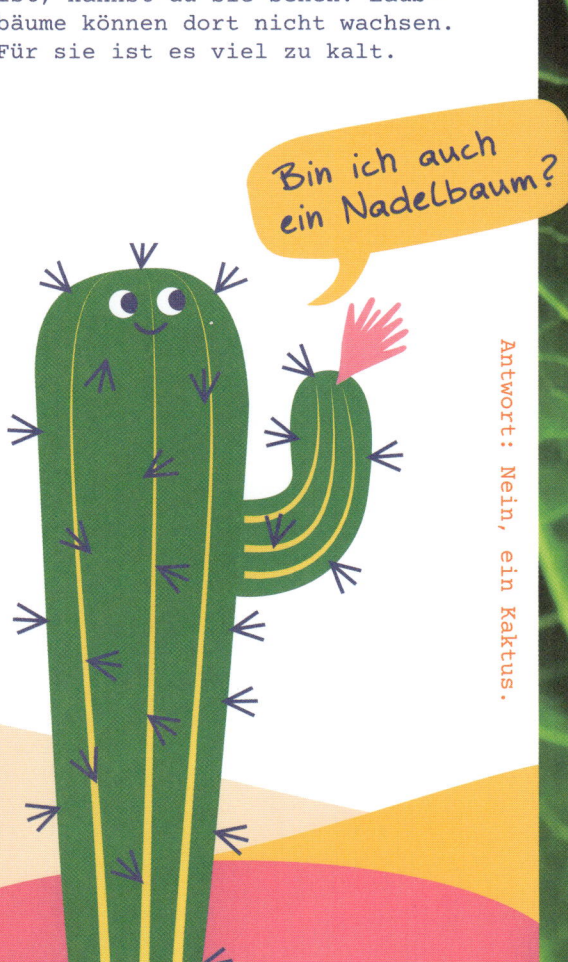

Bin ich auch ein Nadelbaum?

Antwort: Nein, ein Kaktus.

Adern

An jedem Blatt kannst du feine Linien sehen: die Adern. Das sind sehr dünne Röhrchen, durch die Wasser und Nahrung hindurchfließen. Das Wasser wird von den Wurzeln aufgenommen, wandert den ganzen Stamm hinauf und gelangt durch die Adern in das Blatt. Das Blatt schickt Nahrung durch die Adern zurück in den Baum. Sie sind also eine Art Schnellstraße für Baumsaft!
Ein bisschen erinnern die Adern auch an unsere Blutgefäße.

EIN BAUM VOLLER LEBEN

In, auf und unter Bäumen ist ganz schön was los. Dort tummeln sich Tiere, Pflanzen, Moose, Schimmelpilze und Bakterien. Bäume helfen einigen Tieren dabei, leben zu können. Und manche Tiere helfen dem Baum, am Leben zu bleiben. Hier erfährst du mehr:

Genug für alle!

Bäume sind tolle Picknickplätze für Raupen und andere Insekten. Dort können sie sich den Bauch mit frischen Blättern dick und rund fressen. Und sie selbst sind wiederum eine leckere Mahlzeit für die Vögel. Aber auch größere Tiere wie Hirsche oder Schafe fressen gern frisches Blattgrün. Was sie später ausscheiden, liefert Nahrung für den Baum. So helfen sich Bäume und Tiere gegenseitig!

Versteck

Bäume und Sträucher sind fantastische Verstecke für Vögel, Eichhörnchen, Igel und andere Tiere. Auch als Regendach sind sie gut geeignet, und sie halten den kalten Wind ab. Im Sommer sorgen die Blätter für Schatten und bieten Tieren Schutz vor der heißen Sonne.

Nistplatz

Um ein Nest zu bauen, sind Bäume genau der richtige Ort. Hoch oben, versteckt zwischen den Blättern, können die Vögel in aller Ruhe brüten und ihre Küken aufziehen, ohne dass andere Tiere sie stören.

Leckereien vom Baum

Bei vielen Bäumen stecken die Samen in den Früchten, zum Beispiel in Äpfeln oder Pflaumen, aber auch in Eicheln und Bucheckern. Für viele Tiere sind das köstliche Leckereien! Die Früchte werden aufgefressen und die Samen später irgendwo anders ausgeschieden. So landen sie in der Erde, wo wieder ein neuer Baum wachsen kann.

Nahrung aus Laub

Buntes Laub, das zu Boden fällt, ist ideales Futter für Bakterien, Schimmelpilze und Würmer. Daraus machen sie fruchtbare Erde. Und aus der fruchtbaren Erde holt sich der Baum mit seinen Wurzeln wieder Nahrung, um zu wachsen.

Warum fallen die Blätter vom Baum?

Im Herbst lassen viele Bäume ihre Blätter fallen und werden kahl. So bereiten sie sich auf den Winter vor. Im Winter können Bäume nämlich kein Wasser aus dem kalten Boden ziehen. Daher müssen sie mit dem Wasser, das schon in ihnen steckt, sehr sparsam umgehen.
Blätter aber „schwitzen", sie verlieren immer wieder Wasser. Was für eine Verschwendung! Darum saugt der Baum zuerst das Wasser aus den Blättern und lässt sie danach fallen.

Strauch, Baum oder andere Pflanzen?

Blätter wachsen an Bäumen und Sträuchern. Aber woher weiß man, was Baum ist und was Strauch? Einfach gesagt, sind Sträucher meist niedriger als Bäume. Beide aber haben einen holzigen Stamm. Wenn du keine holzigen Äste siehst, hast du eine andere Pflanze vor dir. Davon gibt es allerdings viele Arten. Selbst Kakteen, Moose und Seetang sind Pflanzen.

Es gibt auch Zwergsträucher wie das Heidekraut.

Herbstfarben

Wenn du im Herbst durch den Wald läufst, entdeckst du Bäume in verschiedensten Farben. Das sieht wunderschön aus. Aber woher kommen diese Farben? Das ist so: Wenn der Winter naht, holt sich der Baum alle Nahrung aus seiner Vorratskammer – den Blättern. Er saugt sie leer und bewahrt die Nahrung mitten in seinem Stamm auf. Dabei baut er aber auch die Blattgrünkörnchen aus den Blättern ab.
Und gelbe, braune oder rote Farbe bleibt übrig!

Salat

Spinat

Wirsing

Lauch

Guten Appetit

Viele Gemüsesorten, die wir essen, sind Blätter von Pflanzen, zum Beispiel Spinat, Chicoree, Lauch, Eisbergsalat, Wirsing, Sellerie oder Rucola. Diese Blätter stecken knallvoll mit gesunden Bestandteilen.
Aus anderen Blättern kann man Tee machen, zum Beispiel Minze. Und dann gibt es natürlich viele Kräuter wie Basilikum, Oregano und Petersilie: Mit ihnen schmeckt dein Essen besonders lecker.

Achtung:

Längst nicht alle Blätter sind essbar. Es gibt auch giftige Blätter, die du auf keinen Fall pflücken darfst. Steck also nie einfach so irgendwelche Blätter in den Mund!

Hier siehst du, wie ein Blatt wächst, sich verfärbt und zerfällt.

ERLE

Dieser Baum steht gerne mit den Wurzeln in feuchter Erde. Darum sieht man ihn häufig in Ufernähe. Die Blüten der Erle nennen wir „Kätzchen", sie sehen aus wie gestrickte Würstchen und hängen von den Zweigen herunter. Die Erlenblätter werden vom Erlenblattkäfer gefressen, einer dunkelblauen Käferart.

Die Blätter der Erle sind eiförmig und haben einen gesägten Rand.

EICHE

Eichen siehst du vor allem im Wald. Sie können bis zu 35 Meter hoch wachsen. Selbst mit der längsten Feuerwehrleiter gelangst du nicht an die Spitze. Die Früchte heißen Eicheln.
Eichelhäher und Eichhörnchen sind verrückt danach. Eichen haben hartes, kräftiges Holz, aus dem zum Beispiel Bodenbretter hergestellt werden.

Die Blätter der Eiche erkennst du am welligen Rand. Sie sind ungefähr so groß wie deine Hand.

PAPPELN

Diese Bäume wachsen schnell und können ziemlich hoch werden. Da ihre Wurzeln nicht sehr lang sind, stürzen sie bei Sturm leicht um. Pappeln sollten daher nicht zu nah an deinem Haus stehen!
Aus Pappelholz wird alles Mögliche hergestellt, zum Beispiel holländische Holzschuhe.

Die Blätter der Pappel sind dreieckig. Ihre Ränder haben einen gesägten Rand.

ROBINIE

Robinien stehen oft an Straßen oder in Parks. Sie blühen nämlich sehr schön mit Trauben aus weißen Blüten. Robinien können ungefähr 25 Meter hoch werden. Sie haben eine massive Borke mit vielen tiefen Furchen, und ihre Früchte erinnern an längliche, flache Bohnen.

Die Blätter wachsen in Gruppen an einem Stängel. Oft sind es ungefähr 7, aber es können auch 19 Blättchen sein.

AHORN

Dieser große, dicht wachsende Baum kann bis zu 30 Meter hoch werden. Die Früchte, in denen die Samen liegen, haben zwei Flügel. Wenn sie vom Baum fallen, drehen sie sich in der Luft und erinnern an kleine Hubschrauber. Der Saft des Ahorns kann zu Sirup verarbeitet werden. Der schmeckt gut zu Pfannkuchen!

Die Blätter des Ahorns haben fünf Spitzen und dicke Adern. Im Herbst färbt sich das Laub rot – dann sieht es aus wie das Blatt in der kanadischen Flagge.

KASTANIE

Kastanien sind große Bäume, die 250 Jahre alt werden können. Sie sind oft im Wald zu finden, aber auch auf Dorfplätzen. Die Samen der Kastanie heißen ebenfalls Kastanien und sind in einer stachligen grünen Frucht versteckt. Au!

Kastanienblätter sind sehr groß und haben fünf Finger, die aus einem Stiel wachsen. Fast wie eine Hand!

LINDE

Es gibt zwei Arten von Linden: die Winterlinde und die Sommerlinde. Die Winterlinde ist eine Kämpfernatur, die Kälte macht ihr nichts aus. Die Sommerlinde hat es hingegen lieber warm. Ihre Äste wachsen so hoch, als ob sie den ganzen Tag jubeln würde. Die Samen der Linde stecken in kleinen Kügelchen, die an einem Stängel hängen.

Lindenblätter sind herzförmig und haben einen gesägten Rand. Sie können so groß werden wie ein Butterbrot.

ZYPRESSE

Zu den Zypressengewächsen gehört auch die Thuja. Diese Bäume haben die Form von Raketen und sehen aus, als wollten sie zum Mond aufsteigen. Meistens werden sie in Gärten gepflanzt, zum Schutz vor neugierigen Nachbarn. Thujen sind sehr giftig. Stecke die Blätter also auf keinen Fall in den Mund!

Thujablätter erinnern an dünngliedrige Fächer. Wunderschön! Aber Vorsicht: Die Thuja ist giftig.

TANNE

Ungefähr zwei Wochen im Jahr ist dieser Baum überall zu sehen. Dann steht er, mit Lichtern, Kugeln und Glöckchen geschmückt, in den Wohnzimmern.
Die Tanne ist nämlich der perfekte Weihnachtsbaum! Im Wald können Tannen sehr groß und bis zu 100 Jahre alt werden. Dann haben sie schon sehr oft Weihnachten gefeiert.

Tannen sind Nadelbäume mit kurzen Nadeln. Diese stehen in Reih und Glied auf den Zweigen.

KIEFER

Wenn wir von Tannenzapfen reden, meinen wir oft Kiefernzapfen. Die Zapfen der Tannen gehen nämlich kaputt, bevor sie zu Boden fallen. In Nadelwäldern gibt es meist viele Kiefern. Sie haben einen hohen, dicken braunen Stamm, aus dem klebriges Harz tropfen kann. Das ist der Saft des Baumes. Die Zapfen sind die Früchte der Kiefer.

Kiefern haben keine Blätter, sondern lange Nadeln, die in Büscheln an den Zweigen hängen.

BIRKE

„Der Baum mit der weißen Jacke", das ist die Birke. Du erkennst sie meist an ihrer glatten weißen Borke, die an Papier erinnert. Aber auch wenn sie empfindlich wirkt, hält sie Kälte sehr gut aus. In Sibirien oder im Hochgebirge stehen Birken noch aufrecht, wenn andere Bäume längst erfroren wären.

Die dreieckigen Blätter der Birke sind nicht sehr groß und an den Rändern gezackt.

BUCHE

Die Buche ist ein echter Waldriese. Zusammen mit der Eiche gewinnt sie den Preis für den höchsten heimischen Baum. Ihre Borke ist dünn und graugrün. Vielleicht siehst du ein Eichhörnchen oben im Baum, diese Tiere sind nämlich verrückt nach Bucheckern! Die Früchte der Buche haben eine stachlige Schale. Du solltest sie nicht essen, denn sie enthalten einen leicht giftigen Stoff.

Buchenblätter sind eiförmig mit einer Spitze. Die Ränder sind gezackt. Du kannst die Blattadern gut erkennen.

WEIDE

Es gibt viele Arten von Weiden, zum Beispiel die Korkenzieher-Weide mit ihren gedrehten Zweigen. Als Kopfweide bezeichnet man gekürzte Weiden, deren Stamm oben verdickt ist. Die Trauerweide lässt ihre Zweige hängen, so als wäre sie ganz traurig.
Vielleicht kennst du die Weidenkätzchen, die an den Zweigen wachsen: Sie sind so weich wie Katzenfell.

Weiden haben längliche dunkelgrüne Blätter in Kanu-Form.

WEINREBEN

Weinreben sind Kletterpflanzen mit schönen, großen Blättern. Sie wachsen am liebsten in warmen Ländern, sind aber auch bei uns zu sehen. Im Sommer sorgen sie für köstliche Beeren: die Trauben. Oft wird Wein daraus gemacht, aber du kannst sie auch einfach essen. Lecker!

Weinblätter haben meist drei oder fünf Finger und tiefe Einkerbungen. Der Rand ist gezackt.

FARNE

Farne gehören zu den ältesten Pflanzenarten der Welt. Sie existierten schon zur Zeit der Dinosaurier. Das wissen wir, weil Farne oft als Fossil gefunden werden. Junge Blattstiele sind zuerst aufgerollt und rollen sich langsam ab wie eine lange Zunge. Farne haben in der Erde oft tiefe Wurzeln.

Die Blätter der Farne heißen Wedel und erinnern an Federn: ein Stiel mit Blattreihen an beiden Seiten.

EFEU

Dies ist ein Familienmitglied der Liane. Du weißt schon: die langen Schlingpflanzen, an denen sich Tarzan herumschwingt. Efeu kann gut an Häusern, Hecken und Bäumen hinaufklettern, bis zu zehn Metern hoch. Es bildet auch Luftwurzeln an den Ästen, die nach unten in die Erde wachsen.

Efeublätter haben drei oder fünf Spitzen und bleiben immer dunkelgrün. Sie fühlen sich ein bisschen wie Leder an.

HORTENSIE

Diese Pflanze siehst du in vielen Gärten, denn fast jeder findet sie schön. Sie ist eine der meistverkauften Gartenpflanzen. Du kennst sie ganz bestimmt: Sie trägt schöne, große Kugeln voller Blüten - weiß, rosa, blau oder violett. Sie sehen aus wie bunte Schneebälle.

Hortensien haben große, dünne Blätter in Ei-Form. Wo die Adern verlaufen, ist das Blatt eingedellt.

Wie schön!

KLEE

Diese kleine Pflanze wächst im Garten oder auf dem Feld. Sie ist sehr berühmt, weil sie angeblich Glück bringt. Aber nur, wenn sie vier Blätter hat! Mit ein bisschen Glück findest du ein vierblättriges Kleeblatt im Gras. In Kleeblüten steckt süßer Nektar, weshalb sie viel Besuch von Hummeln und Bienen bekommen.

Kleeblätter haben die Form kleiner Herzen, die aus einem Stiel wachsen. Meistens sind es drei, aber manchmal auch vier!

HASELNUSS

Haselnusssträucher können dreimal so hoch werden wie ein Mensch. Man findet sie vor allem am Waldrand. An den Sträuchern wachsen Haselnüsse. Eichelhäher und Mäuse sind ganz verrückt danach. Und Menschen auch! Haselnüsse kannst du mit einem Nussknacker öffnen und das Innere aufessen. Oder du machst Nusscreme daraus.

Die Blätter der Haselnuss sind fast ganz rund. Sie haben große und kleine Kerben und eine Spitze.

BLUTPFLAUME

Blutpflaumen haben etwas, was andere Bäume nicht haben: das ganze Jahr hindurch rote Blätter.
Nun ja, rot ... sie sind beinahe schon schwarzrot.
Im Frühjahr beginnt der Baum zu blühen. Dann ist er voll mit rot-weißen Blüten. Viel später, wenn der Herbst beginnt, wachsen kleine, wilde Kirschfrüchte heran.

Die Blutpflaume hat eiförmige Blätter. Die Ränder sind stumpf gezackt.

HOLUNDER

Holunder wächst meist als großer Strauch oder kleiner Baum im Garten oder Park, aber auch im Wald oder in den Dünen. Im Frühjahr trägt er weiße Blüten in Form von Fallschirmen, im Sommer wachsen die Holunderbeeren in Trauben am Baum.
Aus den Blüten und Früchten kann man Marmelade, Sirup und Wein machen.

Die Blätter des Holunders wachsen in Gruppen von drei bis fünf Blättern an einem Stängel. Sie haben viele kleine Kerben.

FRAUENMANTEL

Die Blätter dieser Pflanze laden zum Streicheln ein. Sie haben nämlich kleine Härchen, die so weich sind wie Mantelstoff. Auf den Blättern sieht man oft kleine Tropfen; das sind Schweißtropfen. In alten Märchen wird erzählt, dass man daraus Gold herstellen kann. Aber das hat bisher noch niemand geschafft.

Frauenmantel hat wunderschöne Blätter mit welligem Rand und weichen Härchen.

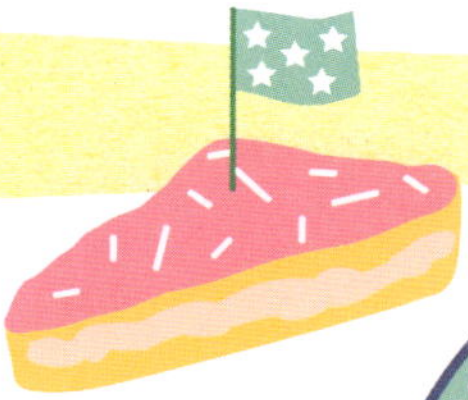

RHABARBER

Wenn du große Blätter suchst und Lust auf etwas Leckeres hast, ist Rhabarber genau das Richtige! Rhabarber ist eine Art Gemüse mit gigantischen Blättern. Die Stiele sind rot und essbar. Aber bitte vorher kochen, am besten mit etwas Zucker. Großartig schmeckt Rhabarber im Kuchen oder als Kompott!

Die Rhabarberpflanze hat herzförmige Blätter mit gekräuseltem Rand, so groß wie Essteller.

ECHTE FEIGE

HALLO!

Oh, was riecht dieser Baum gut! Den Duft kann man schon von Weitem wahrnehmen. Ein Feigenbaum hat große Blätter. Zwischen ihnen hängen im Sommer die Feigen. Das sind herrlich weiche, süße Früchte, die violett werden, wenn sie reif sind. Dann kannst du sie pflücken und sofort kosten.

Die großen Blätter der Feige haben fünf fingerförmige Spitzen. Darum sehen sie ein bisschen aus wie eine Hand.

BASTELTIPPS:

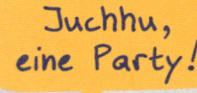

Juchhu, eine Party!

WAS FÜR EIN FEST! BASTLE EINE BLÄTTERGIRLANDE!

Das brauchst du:
- Etwa zehn große getrocknete Blätter
- Gelbes Malerklebeband
- Farbe
- Pinsel
- Ein bisschen Geduld

So geht's:
1. Trockne die Blätter für ein paar Tage (wie im Sammelalbum erklärt), sodass sie schön flach sind.
2. Male die Blätter bunt an, und lass die Farbe gut trocknen.
3. Lege einen Streifen Klebeband mit der Klebeseite nach oben auf den Tisch. Klebe die Stiele der verzierten Blätter daran fest. Klebe dann einen neuen Streifen Klebeband darüber.
4. Hänge deine Blättergirlande auf, und die Party kann losgehen!

Das sieht gut aus!

MUT ZUM HUT: DEINE EIGENE BLÄTTERKRONE!

Das brauchst du:
- Einen langen Streifen Filz oder Karton
- Verschiedene Blätter (große und kleine)
- Tacker

So geht's:
1. Miss den Filz- oder Kartonstreifen so ab, dass er gut um deinen Kopf passt. Lass ein Stückchen überstehen, sodass du den Ring später gut zusammentackern kannst.
2. Lege den Streifen auf den Tisch, und tackere zuerst die großen Blätter fest, darauf die kleinen.
3. Tackere die Streifenenden zusammen, und fertig ist die Krone. Jetzt setz sie auf!

GLÜCK GEHABT!
GESTALTE DEINEN EIGENEN
GLÜCKSKLEE!

Das brauchst du:
- Grünen Filz
- Nadel und Faden
- Schere
- Ein bisschen Hilfe

So geht's:

1. Schneide vier Filzstücke wie auf dem Foto aus.

2. Ziehe den Faden durch die Filzstücke, genau wie auf dem Foto (bitte jemanden um Hilfe, wenn nötig).

3. Ziehe den Faden vorsichtig zusammen, sodass sich ein Kleeblatt ergibt.

4. Knote die Fadenenden zusammen, und fertig ist der Glücksklee! Du kannst daraus eine Brosche machen oder einen Anhänger für eine Glückskette.

GESTALTE EIN UNGLAUBLICHES ZAUBERBILD!

Das brauchst du:
- Blätter mit dicken Adern (z. B. von einer Hortensie)
- Farbige Wachsmalstifte
- Papier

So geht's:
1. Lege (heimlich) ein Blatt unter das Papier.
2. Sprich laut einen spannend klingenden Zauberspruch.
3. Lege die Wachsmaler flach hin, und streiche sanft damit über das Papier. Langsam, aber sicher erscheint die Blatt-Zeichnung auf dem Papier.
4. Wiederhole das Ganze mit anderen Blättern oder anderen Farben. Wow! Die reinste Zauberei!

VERSCHICKE EINEN BAUM
MIT BOTSCHAFT!

Das brauchst du:
- Braunen Karton
- Grünes Papier
- Schere
- Bleistift und Stift

So geht's:

1. Schneide zweimal den gleichen Baum aus dem Karton.
2. Beklebe die Baumkronen von beiden Seiten mit grünem Papier.
3. Schneide Schlitze in die Bäume: in den einen von unten bis zur Mitte, in den anderen von der Mitte bis oben.
4. Schiebe die Bäume ineinander, und schreibe deine Botschaft drauf.
5. Ziehe die Bäume wieder auseinander, stecke sie in einen Umschlag, und schicke die Baumnachricht los!

UND DER SIEGER IST ...

Pflanzen sind coole Rekordhalter. Dies sind die Sieger der Weltmeisterschaft:

Höchster Baum der Welt

Der höchste Baum ist ein Mammutbaum. Er ist so hoch wie ein Hochhaus mit 30 Stockwerken und steht im Westen Amerikas an der Küste. Dort ist es schön warm und feucht. Das perfekte Klima, um zu wachsen!

Dickster Baum der Welt

Affenbrotbäume können besonders dicke Stämme bekommen. In Südafrika gab es sogar mal eine Bar in dem hohlen Stamm eines Affenbrotbaumes.

Größte Blätter der Welt

Die Amazonas-Riesenseerose hat die größten Blätter der Welt. Die runden Blätter können bis zu drei Meter breit werden, größer als ein Doppelbett!

Kleinste Pflanze der Welt

Diese Pflanze wächst auch bei uns, nämlich in Weihern und Gräben: die wurzellose Zwergwasserlinse. Mit 1,5 mm ist sie nur etwas größer als ein Zuckerkörnchen.

Am schnellsten wachsende Pflanzen der Welt

Der Riesenbambus wächst am schnellsten: mehr als einen Meter am Tag! Hui!

Verlag und Autor weisen darauf hin, dass die Informationen in diesem Buch und im Sammelalbum sorgfältig geprüft wurden. Eine Haftung für Schäden, die durch das Befolgen der Hinweise in diesem Werk auftreten, kann jedoch nicht übernommen werden.

Impressum

Die niederländische Originalausgabe erschien 2016 unter dem Titel „Mijn Bladerenbewaarboekje".
© 2016 Uitgeverij J.H. Gottmer/H.J.W. Becht BV, Haarlem, The Netherlands;
a division of Gottmer Uitgevers Groep BV.
Konzept und Design: Lottaland
Text © 2016 Jaap Langenberg
Illustrationen © 2016 Charlotte Bruijn
Fotos: 123RF.com und Shutterstock (S. 2 oben rechts)
Bastelanleitungen: Lottaland
Kinder: Milou und Tibbe

1. Auflage 2018
© 2018 Arena Verlag GmbH,
Postfach 5169, 97001 Würzburg.
Übersetzung aus dem Niederländischen:
Sonja Fiedler-Tresp
Einbandgestaltung: Maria Proctor
Coverabbildungen: Fotos und Illustrationen aus dem Innenteil
Satz der deutschsprachigen Ausgabe:
Heike Pöhlmann, HP BuchDesign
Alle Rechte vorbehalten
ISBN 978-3-401-71343-4
www.arena-verlag.de

FSC® C020056 — MIX Papier aus verantwortungsvollen Quellen — www.fsc.org